AVIS.

L'auteur, en publiant ce *Nouveau Dictionnaire d'argot*, augmenté d'un grand nombre de mots mis nouvellement en usage, a eu pour but d'être utile à tous les gens du monde, et particulièrement à ceux qui, par leur position, se trouvent souvent exposés à rencontrer de ces individus qui, à l'aide de cette sorte de langage, se font passer pour étrangers et méditent ainsi impunément leurs mauvais desseins.

En étudiant ce petit ouvrage ils pourront se préserver de tous piéges dangereux qu'on pourrait leur tendre, et se prémunir contre les voleurs, escrocs, filous, filles de joie, et autres gens de la même trempe.

BRAS-DE-FER,

Ex-chef de brigade sous Vidocq.

NOUVEAU
DICTIONNAIRE D'ARGOT,

PAR UN EX-CHEF DE BRIGADE
SOUS M. VIDOCQ;

suivi de
LA CHANSON DES GALÉRIENS

RAPPORTÉE DANS SES MÉMOIRES.

OUVRAGE UTILE AUX GENS DU MONDE.

PRIX : 75 CENT.

PARIS,
CHEZ LES MARCHANDS DE NOUVEAUTÉS.

1829.

DICTIONNAIRE D'ARGOT.

—

ARGOT-FRANÇAIS.

A.

Abbaye de monte-à-regret, *guillotine*.
Abbaye rusante, *four chaud*.
Abloquir, *acheter*.
Abouler, *compter*.
Affaire, *vol*.
Affe (l') *la vie*.
Affurer, *attraper, tromper*.
Ambier, *fuir*.
Andosse, *dos*.
Angluces, *oies*.

Angoulême, *bouche.*

Anquilleuse, *femme qui porte un tablier pour cacher ce qu'elle vole.*

Antiffe, *marche.*

Antroller, *emporter.*

Apôtres, *doigts.*

Aquiquer, *faire.*

Armée roulante, *chaîne de forçats.*

Arquepincer, *arrêter.*

Astic, *épée.*

Attaches, *boucles.*

Attaches d'Orient, *boucles d'or.*

Attaches d'auber, *boucles d'argent.*

Attiger, *blesser, frapper.*

Avergots, *œufs.*

B.

Babillard, *livre.*

Babillarde, *lettre.*

Baccon, *pourceau.*

Bâcler, *fermer.*

Balancer, *remuer.*

Balle, *franc.*

Barbaudier, *gardien.*

Basourdir, *tuer.*

Batouze, *toile.*

Battre, *dissimuler.*

Battre comtois, *faire le niais.*

Battre morasse, *crier au secours.*

Baude, *vér....*

Baudru, *fouet.*

Bauge, *coffre.*

Bier, *aller.*

Blanquette, *argenterie.*

Blavin, *mouchoir.*

Bloquir, *vendre.*

Bogue, *montre.*

Bogue d'Orient, *montre d'or.*

Boucard, *boutique.*

Bouffarde, *pipe.*

Bouffarder, *fumer.*

Bouillante, *soupe.*

Bouis, *fouet.*

Boulanger, *Diable.*

Brêmes, *cartes.*

Brenicle, *rien.*

Bride, *chaîne.*

Bride d'Orient, *chaîne d'or.*

Brider, *fermer.*

Briqmann, *sabre.*
Brocante, *bague.*
Buter, *guillotiner.*

C.

Cabot ferré, *gendarme à cheval.*
Cachemire d'osier, *hotte de chiffonnier.*
Cachemitte, *cachot.*
Cagne, *gendarme.*
Cagou, *voleur solitaire.*
Calebasse, *tête.*
Callots, *teigneux.*
Caloquet. *chapeau.*
Calvin, *raisin.*
Calvigne, *vigne.*
Cambriole, *chambre.*
Cambron, *cabane.*
Cambrosse, *servante.*
Camouffle, *chandelle.*
Camuse, *carpe.*
Canton, *prison.*
Cantonniers, *prisonniers.*
Carle, *argent.*
Carline, *mort.*

Carouble, *fausse clé.*
Caruche, *prison.*
Cassantes, *noix.*
Casser la hane, *couper la bourse.*
Castroz, *chapon.*
Castu, *hôpital.*
Cavaler (se), *s'évader.*
Charlot, *bourreau.*
Chat, *geôlier.*
Chêne, *homme.*
Chenâtre, chenu, *bon, beau.*
Chenuement, *fort bien.*
Cheval de retour, *forçat évadé.*
Chiffon rouge, *langue.*
Chopin, *coup.*
Chouriner, *frapper à coup de couteau.*
Coffier, *tuer.*
Coloquinte, *figure.*
Combe, *chapeau.*
Commander à cuire, *guillotiner.*
Coq, *cuisinier.*
Arrêté et mis en prison, *cartonné en ca-
     ruche.*
Cornant, *bœuf.*
Cornante, *vache.*
Corner, *puer.*

Cornets d'épices, *pères capucins.*
Coucou, *montre.*
Couleurs (monter des), *mentir.*
Couliant, *lait.*
Courteaux de boucard, *voleurs d'outils chez leurs maîtres.*
Craquelin, *menteur.*
Creux, *maison.*
Cric, croc, *à ta santé.*
Crie, *viande.*
Crocs, *dents.*
Crosser, *sonner.*
Crucifix à ressort, *pistolet.*
Crotte d'ermite, *poire cuite.*
Culbute, *culotte.*
Curdeux, *commissaire.*

D.

Dabe, *maître, père, roi.*
Dabuche, *maîtresse, mère, reine.*
Dardant, *l'Amour.*
Daron, *maître, père.*
Daronne, *maîtresse, mère.*

Débâcler, *ouvrir.*
Débiner, *parler contre.*
Défalquer, *ch....*
Décarer de belle, *être sûr de se sauver.*
Défrusquiner, *déshabiller.*
Démurger, *s'en aller.*
Détacher, *couper.*
Donner de l'air (se), *se sauver.*
Doublage, *larcin.*
Doubleur, *larron.*
Doubleur de sorgue, *larron de nuit.*
Douilles, *cheveux.*
Drille, *soldat.*
Dure (la), *la terre.*

E.

Écorner, *forcer.*
Égrailler l'ornie, *pendre la poule.*
Embauder, *prendre de force.*
Empave, *draps du lit.*
Enflaquer, *faire arrêter.*
Entiffe, *église.*
Épouser la foucandière, *jeter ce que l'on
a volé.*

Epouser la veuve, *être pendu.*
Esbrouffe, *air important.*
Escarpe, *assassinat.*
Escarper, *assassiner.*
Escoutes, *oreilles.*
Esganacer, *rire.*
Esquinter (s'), *se casser.*
Estafou, *chapon.*
Estuquer, *attraper un coup.*
Etourdir, *tuer.*

F.

Faire la grande soulasse, *assassiner.*
Faire suer, *tuer.*
Faire suer le chêne, *assassiner.*
Fanandel, *camarade.*
Faraude, *madame, mademoiselle.*
Farot, *monsieur.*
Faucher, *guillotiner.*
Faucheur, *bourreau.*
Felouse, *poche.*
Ferlampier, *condamné habile à couper ses fers.*

Fertange, *paille.*
Ficher, *donner.*
Flame, *épée.*
Flou (le), *rien.*
Floueur, *escroc au jeu.*
Foler, *projeter.*
Foncer, *donner.*
Foufière, *tabatière.*
Fouillouse, *poche.*
Fourmiller, *courir.*
Francillon, *Français.*
Fretillante, *queue.*
Fretille, *paille.*
Fretiller, *danser.*
Fumion, *marché.*
Frottant, *traître.*
Frotter sur la balle, *médire de quelqu'un.*
Frusquin, *habit.*
Frusquiner, *habiller.*

G.

Gaf, *guet.*
Gallier, *cheval.*

Gance, *clique.*

Garçon de campagne, *voleur de grand chemin.*

Gargouenne, *bouche.*

Garnafier, *fermier.*

Gaudille, *épée.*

Gaux picantis, *pous.*

Gerber à la passe, *guillotiner.*

Glace, *verre à boire.*

Gonze, *dupe.*

Goupiner, *travailler.*

Goupline, *pinte.*

Gourdement, *beaucoup, bien.*

Grain, *écu.*

Grand soulasse, *assassinat.*

Grater les pavés, *vivre dans la misère.*

Gratouse, *dentelle.*

Greffir, *dérober finement.*

Grenasse, *grange.*

Grenu, *blé.*

Grenuche, *avoine.*

Grenue, *farine.*

Griffard, *chat.*

Griffer, *prendre.*

Grinche de la haute pègre, *voleur de distinction.*

Grinche, grinchisseur, *voleur*.
Grinchir, *voler*, *prendre*.
Gripis, *meunier*.
Gris (le), *vent*, *froid*.
Grive (la), *guerre*.
Grivier, *soldat*.
Grivier de parquois. soldat déserteur.
Gueulard, *bissac*.
Guibons, *jambes*.
Guibons de satou, *jambes de bois*.
Guinal, *juif*.
Gy, girolle, *oui*.

H.

Hane, *bourse*.
Happer le taillis, *s'enfuir vite*.
Happin, *chien*.
Harpions, *mains*.
Haut-temps, *grenier*.
Havre, *Dieu*.
Herplis, *liards*.
Huile, *argent*.
Huître de varannes, *fèves*.
Ust must, *grand merci*.

J.

Jaspin, *oui.*

Jaspiner, *jaser, parler.*

Job, *niais.*

Jonc, *or.*

Jouer du vingt-deux, *jouer du poignard.*

Jouer du violon, *scier ses fers.*

Juxte, *prés, contre.*

L.

Lance, *eau.*

Lancequiner, *pleuvoir.*

Landeau à baleines, *parapluie.*

Lanterne, *fenêtre.*

Largue, *femme, catin.*

Larton, pain.

Larton brutal, *pain bis.*

Larton savonné, *pain blanc.*

Lascailler, *pisser.*

Laver, *vendre.*

Licher, *boire.*
Liége, *gendarme.*
Lime, *chemise.*
Lingre, *couteau.*
Loche, *oreille.*
Longue, *année.*
Lorcefée (la), *la Force.*
Louche, *main.*
Lourdaud, *portier.*
Lourde, *la porte.*
Lousses, gendarmes du département.
Luisant, *le jour.*
Luisante, *chandelle.*
Luisard, *le soleil.*
Luisarde, *la lune.*

M.

Macaroner, *découvrir.*
Malade (être), *être en prison.*
Malingreux, *qui a de fausses playes.*
Manche, *quête.*
Manger le morceau, *dénoncer.*
Maquiller, *travailler, battre.*

Maquiller les brêmes, *jouer aux cartes.*

Maquiller à la sorgue, *voler la nuit.*

Marcandier, *celui qui a été volé.*

Marcandier, *marchand.*

Marchand de lacet, *gendarme.*

Mariase, *vaurien.*

Marlousier, *maquereau.*

Maron, *du sel.*

Marpaut, *homme, maître.*

Marquant, *homme.*

Marque, *fille.*

Marquin, *couvre-chef.*

Marquise, *femme.*

Maturbes, *dés.*

Mec, *bon Dieu.*

Mèche, *demi-heure.*

Mèche (être de), *être de complicité.*

Menée d'avergots, *douzaine d'œufs.*

Menée de ronds, *douze sous.*

Mettre au fourgat, *recéler.*

Mettre en suage, *chauffer les pieds.*

Mézière, *moi, simple.*

Michon (du), *de l'argent.*

Mion, *garçon.*

Mions de boule, *coupeurs de bourse, fi-
    lous.*

Molanche, *laine.*
Monseigneur, *pince.*
Montante, *culotte.*
Morfe, *repas, mangeaille.*
Morfiante, *assiette.*
Morfier, *manger.*
Morne, *mouton, brebis.*
Mornos, *bouche.*
Mouchailler, *regarder.*
Mouscailler, *ch....*
Mousse, *m....*
Moutard, *enfant.*

N.

Narquois, *soldat mendiant.*
Nazonnant, *nez.*
Nouzaille, *nozière, nous.*

OEil (avoir à l'), *avoir sans payer.*

Ogresse, *femme qui loue des effets aux filles.*
Ornichon, *poulet.*
Ornie, *poule.*
Ornie de balle, *poule d'Inde.*
Ornion, *chapon.*
Orphelin, *orfèvre.*
Orphelins, *ceux qui vont de compagnie.*

P.

Pacant, *un passant.*
Paladier, *pré.*
Pallots, *paysans.*
Palpitant, *cœur.*
Panturne, *catin.*
Paquelin, *l'Enfer.*
Parfond, *pâté.*
Parfonde, *cave.*
Parrain, *témoin.*
Pasquelin, *pays.*
Passants, *souliers.*
Passe, *peine de mort.*
Pâté d'ermite, *des noix.*

Pate, *lime.*

Paturons, *les pieds.*

Paturons de morne, *pieds de mouton.*

Pautre, *bourgeois.*

Payot, *forçat écrivain.*

Pégoces, *poux.*

Pègres de la grande vergne, *voleurs de grande ville.*

Pellard, *foin.*

Petite marine, *bande de voleurs.*

Petouze, *pistole.*

Pharos, *gouverneur d'une ville.*

Philippes, *écus.*

Piau, *lit.*

Piausser, se coucher.

Picter, *boire.*

Picton, *boisson.*

Piètres, *estropiés.*

Pincer, *prendre.*

Pinos, *des deniers.*

Piolle, *cabaret, taverne.*

Piollier, *cabaretier.*

Pioncer, *dormir.*

Pipet, château.

Pitancher, *boire.*

Pivois, *du vin.*

Pivois savonné, *vin blanc.*
Placarde, *place d'exécution.*
Planche au pain, *cour d'assises.*
Plombe, *demi-heure.*
Plomber, *puer.*
Plotte, *bourse.*
Plure, *redingote, manteau.*
Poisser ses philippes, *prendre son argent.*
Poisson, *souteneur.*
Poitou (le), *non, rien.*
Polissons, *ceux qui vont presque nus.*
Pommard, *bière.*
Pommer marron, *prendre sur le fait.*
Ponisse magnuée, *femme débauchée.*
Portant (être bien), *être libre.*
Poser et marcher dedans, *s'embrouiller.*
Pouchon, *bourse.*
Pousse, *corps des gendarmes.*
Pré, *bagne.*
Proye, *le c...*

Q.

Quart-d'œil, *commissaire.*
Quoque, *aussi, même.*

R.

Raboteux, ou doubleux de sorgue, *larron de nuit.*

Ragot, *quart d'écu.*

Raille, *mouchard.*

Raisinet, *sang.*

Ratichon, *abbé, prêtre.*

Rebâtir, *tuer.*

Reconobrer, *reconnaître.*

Redoublement de fièvre, *révélation d'un nouveau fait à charge.*

Refroidir, *tuer.*

Rejaquer, *crier.*

Rême, *fromage.*

Renâcler, *crier après quelqu'un.*

Rengrâcier, *renoncer.*

Requin, *douanier.*

Rifauder, *brûler, cuire, chauffer.*

Rife, *feu.*

Riffard, *bourgeois.*

Rincer, *dévaliser, voler.*

Riolle, *bonne chère.*

Rond, *un sou.*

Rondelets *tétons.*
Rondin, *m.....*
Rossignoler, *chanter.*
Rouatre, *lard.*
Roufier, *soldat.*
Rouillarde, *bouteille.*
Rouin, *prévôt.*
Roumard, *roué.*
Rouscaillante, *langue.*
Rouscailler, *parler.*
Rouscailler bigorne, *parler jargon.*
Roveaux, *gendarmes.*
Rupin, *gentilhomme.*
Rupine, *dame.*
Rusquin, *écu.*

S.

Sabouler, *incommoder, décroter.*
Sabouleux, *ceux qui tombent du haut mal.*
Sabre, *un bâton.*
Sabrenot, *cordonnier, savetier.*
Sabrieux, *voleur de bois.*
Sacre, *argent.*

Salivergne, *écuelle.*
Sanglier, *confesseur.*
Santu, *santé.*
Sapin, *gendarme.*
Sapins, *planches.*
Satou, *bois, forêt.*
Sauter, verb. act., *voler.*
Sauter, verb. neut., *puer.*
Serpillière, *robe.*
Serrante, *serrure.*
Servir de belle, *dénoncer à faux.*
Sezière, sezingand, *lui.*
Sinvre, *bête.*
Solir, *le ventre.*
Sorbonne, *tête.*
Sorgue, *nuit.*
Stue, *part du larcin.*
Suer, faire suer, *se faire donner part du
  vol.*

T.

Tabar, tabarin, *manteau.*
Taf, *peur.*

Tante (ma), *mont-de-piété.*
Tappe (la), *la fleur de lis.*
Tartir, *chier.*
Taule, *bourreau.*
Tezière, tezingaud, *toi.*
Tirants, *bas.*
Tirou, *chemin.*
Tocanges, *coquilles de noix.*
Toccante, *montre.*
Tollard, *le bourreau.*
Tôle, *derrière.*
Torniquet, *moulin.*
Tournante, *clé.*
Tourner (faire), *attraper.*
Tourtouse, *corde.*
Toutime, *tout.*
Treffle, *tabac.*
Tréfflière, *tabatière.*
Trimancher, *cheminer, marcher.*
Trimard, *chemin.*
Trimarder, trimer, *cheminer, marcher.*
Tronche, *tête.*
Trottant, *rat.*
Trucher, *demander l'aumône.*
Trucheux, *gueux.*

V.

Verdouzier, *jardin*.
Vergne, *ville.*
Verver, *pleurer, crier.*
Vouzailles, vozière, *vous.*

Fin du dictionnaire argot-français.

NOUVEAU

DICTIONNAIRE D'ARGOT.

——

FRANÇAIS-ARGOT.

Abbé, *ratichon.*
Acheter, *abloquir.*
Admirable, bon, excellent, *chenâtre, chenu.*
Air important, *esbrouffe.*
Aller, *bier.*
Aller (s'en), *démurger.*
Amour, *dardant.*
Année, *longue.*
Argent, *poussier, carle, auber.*
Argenterie, *blanquette.*
Arrêter, *arquepincer.*
Assassinat, *grand soulasse.*
Assassiner, *faire suer le chêne, escarper.*

Assiette, *morfiante.*
Attraper, *faire tourner.*
Attraper un coup, *estuquier.*
Aumône, *thune.*
Auprès, *juæte.*
Aussi, *quoque.*
Avoine, *grenuche.*

B.

Bagne, *pré.*
Bague, *brocante.*
Bande de voleurs, *petite marine.*
Bas, *tirants.*
Bâton, *sabre.*
Battre l'estrade, *marcher, battre l'antiffe.*
Beau, *chenâtre, chenu.*
Beaucoup, *gourdement.*
Beaucoup d'argent, *gras.*
Bête, *sinvre.*
Bien, fort bien, *chenument.*
Bière, *pommard.*

Bissac, *gueulard.*
Blé, *grenu.*
Blesser, *atiger.*
Bœuf, *cornant.*
Boire, *picter, pitancher.*
Bois à toi (je), *cric, croc.*
Bois, *satou.*
Boisson, *picton.*
Bon, excellent, *chenâtre, chenu.*
Bonne chère, *riolle.*
Bouche, *angouléme, mornos, gargouenne.*
Boucles, *attaches.*
Boucles d'auber, *boucles d'argent.*
Bourgeois, *pautre, rifflard, mesière franc.*
Bourreau, *faucheur, taule, charlot, tollard.*
Bouteille, *rouillarde.*
Boutique, *boucard, boutanche, rade.*
Brûler, *rifauder.*

C.

Cabaret, *taverne, piolle*

Cabaretier, *piollier.*
Cachot, *cachemitte.*
Callot, *teigneux.*
Camarade, *fanandel.*
Capucin, *cornet d'épices.*
Carpe, *camuse.*
Cartes, *brêmes.*
Casser (se), *s'esquinter.*
Catin, *largue, panturne.*
Cave, *parfonde.*
Certificat faux, *luque.*
Chaîne de forçats, *armée roulante.*
Chaîne d'or, *bride d'Orient.*
Chambre, *cambriole.*
Chandelle, *camoufle.*
Chanter, *rossignoler.*
Chapeau, *combre.*
Chapon, *ornion.*
Chat, *griffart, estafion.*
Château, *pipet.*
Chauffer, *rifauder.*
Chauffer les pieds, *mettre en suage.*
Chemin, *trimard.*
Cheminer, *trimarder, trimer.*
Chemise, *limasse, lime.*
Cheval, *gallier.*

Chien, *happin.*

Ch..., *mouscailler, défalquer, tartir.*

Chopine, *tenante.*

Chose, *camelotte.*

Clé, *tournante.*

Clé (fausse), *carouble.*

Clique, *gance.*

Cochon, *baccon.*

Cœur, *palpitant.*

Coffre, *bauge.*

Commissaire, *quart-d'œil.*

Compagnie (qui va de), *orphelin.*

Complicité (de),*de mèche.*

Comprendre, écouter, entendre, *entraver ou enterver.*

Compter, *abouler.*

Condamner, *gerber.*

Condamné habile à couper ses fers, *ferlampier.*

Confesseur, *sanglier.*

Contre, près, auprès, *juxta.*

Coquilles de noix, *toccanges.*

Corde, *tourtouze.*

Corps des gendarmes, *la pousse.*

Coucher (se), *piausser.*

Coup (vol), *chopin.*

Couper la bourse, *casser la hane, détacher le bouchon.*

Coupeurs de bourse, *mions de boule.*

Cour d'assises, *planche au pain.*

Courir, *fourmiller.*

Couteau, *lingre.*

Couvre-chef, *marquin.*

Crier, tempêter après quelqu'un, *renâcler ou rejaquer.*

Crier, pleurer, *verver.*

Crier au secours, *battre morasse.*

Cuire, *rifauder.*

Cuisinier, *coq.*

Cul, *proye.*

Culotte, *culbute.*

D.

Dame, *rupine.*

Danse, *gambriade.*

Danser, *frétiller.*

Découvrir, *macaroner.*

Demander l'aumône, *trucher.*

De même, aussi, *quoque.*

Demi-heure, *mèche.*
Denier, *pinos.*
Dénoncer, *manger le morceau.*
Dénoncer à faux, *servir de belle.*
Dentelle, *gratouze.*
Dents, *les crocs.*
Dérober finement, *greffir.*
Dés, *maturbes.*
Déshabiller, *défrusquiner.*
Dévaliser, *rincer.*
Diable , *boulanger, glinet, ou glier, glivet.*
Dieu, *Mec, havre.*
Dissimuler, *battre.*
Doigts, *apôtres.*
Donner, bailler, *ficher* ou *déficher, foncer.*
Donner part du vol, *suer*
Dormir, *pioncer.*
Dos, *andosse.*
Douanier, *requin.*
Douzaine, *menée.*
Douzaine d'œufs, *menée d'avergots.*
Douzaine de sous, *menée de ronds.*
Draps de lit, *empaves.*
Dupe, *gonze.*

E.

Eau, *lance.*
Echine, dos, *andosse.*
Ecrivain public, *capon.*
Ecu, *philippe, rusquin, grain.*
Ecuelle, *sàlivergne.*
Eglise, *entiffe, entonne.*
Emporter, *antroller* ou *entroller.*
Enfant, *moutard.*
Enfer, *paquelin.*
Entendre, écouter, comprendre, *entra-*
  ver ou *enterver.*
Escarpins, *passes à la rousse.*
Epée, *flambe, gaudille, astic.*
Epier, examiner, *mouchailler,*
Entrer, *encasquer.*
Escroc au jeu, *floueur.*
Estropiés, *piètres.*
Evader (s') *se cavaler.*
Excellent, bon, admirable, *chenu, che-*
  nâtre.

F.

Faire, *aquiger.*

Faire arrêter, *enflaquer.*

Faire donner part du vol (se), *faire suer.*

Farine, *grenue.*

Femme, *largue.*

Femme débauchée, *pouisse magnuce.*

Femme qui cache ce qu'elle vole sous un tablier, *anquilleuse.*

Femme qui loue des effets aux filles, *ogresse.*

Fenêtre, *lanterne.*

Fermer, *bâcler, brider.*

Fermier, *garnafier.*

Feu, *rife.*

Fèves, *huîtres de varanne.*

Figure, *coloquinte.*

Fille, *marque.*

Fleur de lis appliquée sur l'épaule, *la tappe.*

Foin, *pellard.*

Forçat écrivain, *payot.*
Forçat évadé, *cheval de retour.*
Force (la), *lorcefée,*
Forêt, *satou.*
Forcer, *écorner.*
Fort bien, *chenuement.*
Fouet, *baudru.*
Four chaud, *abbaye rusante.*
Franc (un), *balle.*
Français, *francillon.*
Frapper à coups de couteau, *chouriner.*
Froid, *le vent, le gris.*
Fromage, *rême.*
Fuir, *ambier, filfarder.*
Fumer, *bouffarder.*

G.

Galère, *grote, tirade.*
Galonné, *galuché.*
Garçon, *mion.*
Gardien d'hôpital, *barbaudier de castu.*
Gendarme, *liége, marchand de lacet, roveau, sapin.*
Geôlier, *chat, eomte de la caruche.*

Gentilhomme, *rupin.*
Gousset, *flaquet.*
Gouverneur d'une ville, *pharos.*
Grand merci, *hust must.*
Grange, *grenasse.*
Grenier, *haut-temps.*
Guerre, *la grive.*
Guet, *gaf.*
Gueuser, *trucher.*
Gueux, *trucheux.*
Guillotine, *abbaye de mont-à-regret, butte.*
Guillotiner, *butter, commander à cuire.*

H.

Habiller, *frusquiner.*
Habit, *frusquin.*
Heure, *plombe.*
Homme, *chêne, marpaut, marquant.*
Hôpital, *castu.*
Hotte de chiffonnier, *cachemire d'osier.*

I.

Ici, *icicaille*.
Incommoder, *sabouler*.

J.

J'ai, *gitre*.
Jambes de bois, *guibons de satou*.
Jardin, *verdouzier*.
Jaser, *jaspiner*.
Jeter les choses dérobées de peur d'être pris, *épouser la foucandière*.
Joli, *gironde*.
Jouer du poignard, *jouer du vingt-deux*.
Jour (le), *luisant*.
Juif, *guinal*.

L.

Laine, *molanche*.
Lait, *couliant*.

Langue, *chiffon rouge, menteuse.*
Larcin, *doublage.*
Lard, *rouatre.*
Larron, *doubleur.*
Larron de nuit, *rabatteux, ou doubleux de sorgue ou sorgne.*
Larronage, *doublage.*
Lettre, épître, *babillarde.*
Liards, *herplis.*
Libre (être), *être bien portant.*
Lit, *pieu.*
Livre, *babillard.*
Lot, *flanchet.*
Louis, *signe.*
Lui ou elle, *sezière, sezingand.*
Lune, *luisarde.*

M.

Madame, mademoïselle, *faraude.*
Mains, *louches, harpions.*
Maison, *piaule, creux.*
Maître, *marpeaux, le père, daron.*
Maître des gueux, *dabe, coifre.*
Maîtresse, *mère, daronne, dâbuche.*
Malades (faux), *francs-mitoux.*

Mangeaille, *morfe.*

Manger, *morfier, tortiller.*

Manteau, *plure, tabar, tabarin.*

Marchand, *marcandier.*

Marché (le), *boule.*

Marcher, *battre l'antiffe, trimer, trimancher, trimarder.*

Médire de quelqu'un, *froller sur la balle.*

Même, *quoque.*

Mendier, *droguer.*

Mensonge, *couleur.*

Menteur, *craquelin.*

Mentir, *monter des couleurs.*

M....., *rondin, mousse.*

Mère, *daronne, dabuche.*

Meunier, *gripis.*

Moi, *mézière.*

Monnaie, *poussier.*

Monsieur, *faraud.*

Mont-de-piété, *ma tante.*

Montre, *coucou, bogue.*

Montre d'or, *bogue d'orient.*

Mort (la), *carline, la cône.*

Morue, *mouillante.*

Mouchard, *raille.*

Mouchoir, *blavin.*

Moulin, *torniquet.*
Mouton, brebis, *morne.*

N.

Nez, *nazonnant.*
Niais, *Job.*
Niais (faire le), *battre comtois.*
Noix, *cassantes, pâtés d'ermite.*
Non, *brenicle.*
Nous, *nouzailles, nouzingan, nozière.*
Nuit, sorgue ou sorgue.
Nus, ceux qui vont presque nus, *polissons.*

O

OEufs, *avergots.*
Oies, *angluces.*
Oreille, *loche.*
Orfèvre, *orphelin.*

Oui, *girolle, gy, jaspin.*
Ouvrir, *débâcler, débrider.*

P.

Paille, *fertange, fretille.*
Pain, *larton.*
Pain blanc, *larton de meulans, larton sa-
vonné.*
Parapluie, *landeau à baleines.*
Parler, *rouscailler, jaspiner.*
Parler contre, *débiner.*
Parler jargon, *jaspiner, rouscailler bi-
gorne.*
Part du larcin, *sue.*
Passant, *pacant.*
Pâté, *parfond.*
Payer (ne rien), *avoir à l'œil.*
Pays, *pasquelin.*
Paysans, *pallots.*
Peine de mort, *passe.*
Pèlerins, *coquillards.*
Pendu, *être pondu.*
Perdre, *esgarer.*

Père, *daron.*
Peur, *taf.*
Pieds, *paturons.*
Pieds de bœuf, *paturons de cornant.*
Pieds de moutons, *paturons de morne.*
Pince, *monseigneur.*
Pinte, *goupline.*
Pipe, *bouffarde.*
Pisser, *lascailler.*
Pistole, *pétouze.*
Pistolet, *crucifix à ressort.*
Place des exécutions, *placarde.*
Plaies fausses (qui a), *malingreux.*
Plancher, *sapin.*
Pleurer, *verver.*
Pleuvoir, *lancequiner.*
Poche, *felouse, fouillouse, profonde.*
Poires cuites, *crottes d'ermites.*
Porte, *lourde.*
Porteurs de bissacs sur le dos, *millards.*
Portier, *lourdaut.*
Poule, *ornie,*
Poule d'Inde, *ornie de balle.*
Poulet, *ornichon.*
Pourceau, *baccon.*
Pous, *gaux picantis, pégoces.*

Pré, *paladier.*
Prendre, *attrimer, grinchir, pincer.*
Prendre la poule, *érailler l'ornie.*
Prendre de force, *embauder.*
Prendre son argent, *poisser ses philippes.*
Prendre sur le fait, *pommer marron.*
Près, auprès, *juxta.*
Prêtre, *ratichon.*
Prévôt, *rouin.*
Prison, *canton, caruche, turbette.*
Prisou (en), *être malade.*
Prisonnier, *cantonnier.*
Proche, *juxta.*
Projeter, *filer.*
Puer, *corner, plomber, sauter.*

Q.

Quart-d'écu, *ragot.*
Quête, *manche.*
Queue, *frétillante.*

R.

Raisin, *calvin.*
Rat, *trottant.*
Recéler, *mettre au fourgat.*
Reconnaître, *reconobrer.*
Regarder, examiner, épier, *mouchailler.*
Remuer, *balancer.*
Rendre, *recoquer.*
Repas, *morfe.*
Révéler, *manger le morceau.*
Révélation d'un nouveau fait à charge, *redoublement de fièvre.*
Rire, *esganacer.*
Robe, *serpillière.*
Robe de prêtre, *serpillière à ratichon.*
Roué, *roumard.*
Roi, *grand dabe.*
Rouge (fard), *maqui.*

S.

Sabre, *bâton , briqman.*
Sang, *raisinet.*
Santé, *santu.*
Santé (à ta), *cric, croc.*
Sauver (se), *se donner de l'air.*
Savetier, *sabrenot.*
Scier ses fers, *jouer du violon.*
Sel, *maron.*
S'embrouiller, *poser, et marcher dedans.*
S'enfuir, *happer le taillis, s'esbigner.*
Sergent, *sacre.*
Serrure, *serrante.*
Sou, *rond.*
Soldat, *rouffier, drille, grivier.*
Soldat mendiant, *narquois.*
Soleil, *luisard.*
Sonner, *crosser.*
Souliers, *passants, passes, passifs.*
Soupe, *bouillante.*
Souteneur, *poisson.*
Sûr (être) de se sauver, *décarer de belle.*

T.

Tabac, *trèfle.*
Tabatière, *foufière, trefflière.*
Teigneux, *callots.*
Témoin, *parrain.*
Terre (la), *la dure.*
Terre, ce qui n'est point mer, *le sapin des cornants.*
Tête, *sorbonne, tronche, beigneuse.*
Tête de mouton, *tronche de morne.*
Tête (vieille), *calebasse.*
Tétons, *rondelets.*
Toi, *tezières, tezingaud.*
Toile, *batouze.*
Tout, *toutine.*
Tout dire, *manger le morceau.*
Traître, *frottant.*
Tribunal, *cigogne.*
Travailler, *goupiner, maquiller.*
Triompher et tromper, *affurer.*
Tuer, *faire suer, refroidir, coffier, estourdir.*

V.

Vache, *cornante*.

Vaurien, *mariase*.

Vendre, *bloquir, laver*.

Vent, *gris*.

Ventre, *solir*.

Vér..., *baude*.

Verre à boire, *glaci*.

Viande, *crie, criolle*.

Vie, *affe*.

Vieux, *vioc*.

Vigne, *calvigne*.

Ville, *vergne*.

Vin, *pivois*.

Vin blanc, *pivois savonné*.

Vivre dans la misère, *gratter le pavé*.

Vol, objet volé, *affaire, chopin*.

Voler, *grinchir, effaroucher, sauter*.

Voler la nuit, *maquiller à la sorgue*.

Volés, ceux qui ont été volés, *marcandiers*.

Voleur, *grinchisseur, grinche*.

Voleur de bois, *sabrieux*.

Voleur de distinction, *grinche de la haute pègre.*

Voleur de grand chemin, *garçon de campagne.*

Voleur solitaire, *cagou.*

Voleurs, *pègres de la grande vergne.*

Vous, *vouzailles, vouzingand, vozière.*

Fin du dictionnaire français-argot.

COMPLAINTE

DES GALÉRIENS.

La chaîne
C'est la grêle;
Mais c'est égal
Ça n'fait pas d'mal.

Nos habits sont écarlate,
Nous portons au lieu d'chapaux
Des bonnets et point d'cravate.
Ça fait bross' pour les jabots.

Nous aurions tort de nous plaindre ;
Nous somm's des enfants gâtés,
Et c'est crainte de nous perdre
Que l'on nous tient enchaînés.

Nous f'rons de belles ouvrages
En paille ainsi qu'en cocos,
Dont nous ferons étalage,
Sans qu' nos boutiqu's pay' d'impôts.

Ceux qui visitent le bagne
N's'en vont jamais sans ach'ter ;
Avec ce produit d' l'aubaine
Nous nous arrosons l'gosier.

Quand vient l'heur' de s'bourrer l'ventre,
En avant les haricots !
Ça n'est pas bon, mais ça entre
Tout comm' le meilleur fricot.

Notr' guignon eût été pire,
Si, comm' des jolis cadets,
On nous eût fait *raccourcire*
A l'Abbaye d' Mont-à-Regret.

FIN DE LA COMPLAINTE.

CHANSON.

Am de l'Heureux pilote.

Travaillant d'ordinaire
La *sorgue* dans *Pantin* (1),
Dans mainte et mainte affaire
Faisant très bon *choppin* (2).
Ma gente *cambriote* (3)
Rendoublée de camelotte (4)
De la *dalle* au *flaquet* (5).
Je vivais sans disgrâce,

---

(1) Le soir, dans Paris.
(2) Bon coup.
(3) Chambre.
(4) Pleine de marchandises.
(5) De l'argent au gousset.

Sans *regoût* ni *morace* (1),
Sans *taff* et sans regret (2).

J'avais fait par *comblance* (3)
Girond' largue capé (4),
Soiffant picton sans lance (5),
Pivois non maquillé (6),
Tirants, passe à la rousse (7),
Attaches de gratousse (8),
Combriot galuché (9),
Cheminant en bon drille,
Un jour à la Courtille,
J'm en étais *enganté* (10).

---

(1) Sans crainte ni inquiétude.
(2) Sans peur.
(3) Par surcroît.
(4) Une jolie maîtresse.
(5) Buvant du vin sans eau.
(6) Du vin non frelaté.
(7) Bas, escarpins.
(8) Beau jabot de dentelle.
(9) Chapeau galoune.
(10) Emmouraché.

En faisant nos gambades
Un grand *messière franc* (1),
Voulant faire parade;
Serre *un bogue d'orient* (2),
Après la gambriade (3),
Le filant sur l'estrade (4),
D'esbrouf je l'estourbis (5),
J'enflaque sa limace (6),
Son *bogue*, ses *frusques*, ses *passes* (7),
J'en fus au *fouraillis* (8).

Par contre-temps, ma *largue*,
Voulant se piquer d'honneur,
Craignant que je la nargue,

---

(1) Bourgeois.
(2) Montre d'or.
(3) La danse.
(4) Le suivant sur le boulevart.
(5) Je l'étourdis.
(6) Je passe sa chemise.
(7) Je vole sa montre, ses habits, ses souliers.
(8) L'endroit où l'on recèle.

Moi qui n'suis pas *taffeur* (1),
Pour gonfler ses *valades*,
Encasque dans un' rade (2),
Sert des signes à foison (3),
On la *crible à la grice* (4).
Je m' *la donne* (5) et m'esquive,
Elle est *pommée marron* (6).

Le *quart-d'œil* lui *jabotte* (7) :
Mange sur tes monneurs (8),
Lui tire une carotte,
Lui *montant la couleur* (9).
L'on vient, on me *ligotte* (10),

---

[1] Peureux.
[2] Entre dans une boutique.
[3] Vole des louis.
[4] On crie sur elle à la garde.
[5] Je m'enfuis.
[6] Prise en flagrant délit.
[7] Le commissaire lui dit.
[8] Dénonce tes complices.
[9] Faire un conte.
[10] On me garotte.

Adieu ma *cambriote,*
Mon beau *pieu,* mes *dardants* [1],
Je monte à la *cigogne* [2],
On me *gerbe à la grotte* [3],
Au *tap* et pour douze ans [4].

Ma largu' n' sera plus gironde,
Je serai *vioc* aussi [5].
Faudra, pour plaire au monde,
Clinquant, *frusque, maquis* [6],
Tout passe dans la *tigne* [7];
Et quoi qu'on en *jaspine* [8],

---

(1) Mon beau lit, mes amours.
(2) Au tribunal.
(3) On me condamne aux galères.
(4) A l'exposition.
(5) Vieux.
[6] Du rouge.
[7] Dans ce Monde.
[8] Quoi qu'on en dise.

C'est un f.... *flanchet* [1].
Douz' *longes de tirade* [2],
Pour une *rigolade* [3],
Pour un moment d'attraits.

---

[1] Lot.
[2] Douze ans de fers.
[3] Une bamboche.

FIN.

IMPRIMERIE DE GUIRAUDET,
RUE SAINT-HONORÉ, N° 315.

www.ingramcontent.com/pod-product-compliance
Lightning Source LLC
LaVergne TN
LVHW022140080426
835511LV00007B/1195